一八六八	二十八さい	明治新政府《めいじしんせいふ》で外交部門《がいこうぶもん》の役職《やくしょく》につく 五月《がつ》、兵庫県知事《ひょうごけんちじ》となる
一八六九	二十九さい	このころ、名《な》を博文《ひろぶみ》とあらためる。殖産興業《しょくさんこうぎょう》をすすめる
一八七一	三十一さい	新貨条例《しんかじょうれい》を制定《せいてい》。十一月《がつ》、岩倉使節団《いわくらしせつだん》に参加《さんか》する
一八七八	三十八さい	大久保利通《おおくぼとしみち》が暗殺《あんさつ》され、博文《ひろぶみ》が政府《せいふ》の中心《ちゅうしん》となる
一八八二	四十二さい	憲法《けんぽう》の調査《ちょうさ》のためにヨーロッパへおもむく
一八八五	四十五さい	近代的内閣制度《きんだいてきないかくせいど》を確立《かくりつ》させ、初代《しょだい》の内閣総理大臣《ないかくそうりだいじん》となる
一八八八	四十八さい	枢密院《すうみついん》をつくり、初代議長《しょだいぎちょう》となる
一八八九	四十九さい	大日本帝国憲法《だいにっぽんていこくけんぽう》が発布《はっぷ》される
一九〇〇	六十さい	立憲政友会《りっけんせいゆうかい》を結成《けっせい》し、初代総裁《しょだいそうさい》となる
一九〇五	六十五さい	韓国統監府《かんこくとうかんふ》の初代統監《しょだいとうかん》となる
一九〇九	六十九さい	十月《がつ》二十六日《にち》、満州《まんしゅう》の視察旅行中《しさつりょこうちゅう》に暗殺《あんさつ》される

この本《ほん》について

『よんで しらべて 時代《じだい》がわかる ミネルヴァ日本《にほん》歴史人物伝《れきしじんぶつでん》』シリーズは、日本《にほん》の歴史上《れきしじょう》のおもな人物《じんぶつ》をとりあげています。

前半《ぜんはん》は史実《しじつ》をもとにした物語《ものがたり》になっています。有名《ゆうめい》なエピソードを中心《ちゅうしん》に、その人物《じんぶつ》の人生《じんせい》や人《ひと》がらなどを楽《たの》しく知《し》ることができます。

後半《こうはん》は解説《かいせつ》になっていて、人物《じんぶつ》だけでなく、その人物《じんぶつ》が生《い》きた時代《じだい》のことも紹介《しょうかい》しています。物《もの》語《がたり》をよんだあとに解説《かいせつ》をよめば、より深《ふか》く日本《にほん》の歴史《れきし》を知《し》ることができます。

歴史《れきし》は少《すこ》しにがてという人《ひと》でも、絵本《えほん》をよんで楽《たの》しく学《まな》ぶことができます。歴史《れきし》に興味《きょうみ》がある人《ひと》は、解説《かいせつ》をよむことで、さらに歴史《れきし》にくわしくなれます。

■解説《かいせつ》ページの見《み》かた

人物《じんぶつ》についてくわしく解説《かいせつ》するページと時代《じだい》について解説《かいせつ》するページがあります。

文中《ぶんちゅう》の青《あお》い文字《もじ》は、31ページの「用語解説《ようごかいせつ》」で解説《かいせつ》しています。

写真《しゃしん》や地図《ちず》など理《り》解《かい》を深《ふか》める資料《しりょう》をたくさんのせています。

「もっと知《し》りたい！」では、その人物《じんぶつ》にかかわる博物館《はくぶつかん》や場所《ばしょ》、本《ほん》などを紹介《しょうかい》しています。

「豆《まめ》ちしき」では、人物《じんぶつ》のエピソードや時代《じだい》にかんする基礎知識《きそちしき》などを紹介《しょうかい》しています。

よんでしらべて時代がわかる
ミネルヴァ日本歴史人物伝

伊藤博文《いとうひろぶみ》

日本最初の内閣総理大臣

監修 安田 常雄
文 西本 鶏介
絵 おくやま ひでとし

もくじ

ミネルヴァ書房

新《あたら》しい日本《にほん》をつくった政治家《せいじか》

船《ふね》が横浜《よこはま》の港《みなと》を出《で》ると、船底《ふなぞこ》にかくれていた五人《にん》の男《おとこ》たちがつぎつぎと甲板《かんぱん》へあらわれました。いずれも長州藩《ちょうしゅうはん》の若《わか》いさむらいたちで、イギリス留学《りゅうがく》のため、決死《けっし》の覚《かく》悟《ご》で日本《にほん》をとびだしてきたのです。そのなかに伊藤利助《いとうりすけ》（のちの博文《ひろぶみ》）もいました。

「ここまでくればもう大丈夫《だいじょうぶ》。」

「とにかく上海《シャンハイ》まで行《い》けばイギリス行《い》きの船《ふね》はいくらでもあるそうだ。」

五人《にん》はほっとして顔《かお》を見《み》あわせました。

四年前《ねんまえ》の一八五九年《ねん》（安政《あんせい》六年《ねん》）、利助《りすけ》が学《まな》んでいた松下村塾《しょうかそんじゅく》の塾長《じゅくちょう》・吉田松陰《よしだしょういん》は、外国《がいこく》とのつきあいをしたがらない幕府《ばくふ》を批《ひ》判《はん》したため、処刑《しょけい》されました。

しかし、五人《にん》の密航《みっこう》は長州藩《ちょうしゅうはん》のゆるしをえたもので、なかには藩主《はんしゅ》からしたく金《きん》をあたえられた者《もの》もいました。というのもそのころ、長州藩《ちょうしゅうはん》は幕府《ばくふ》に対抗《たいこう》する攘夷派《じょういは》の代表《だいひょう》でした。ところが、外国《がいこく》を追《お》いはらうだけでなく、将来《しょうらい》のために外国《がいこく》の事情《じじょう》を勉《べん》強《きょう》しておくこともだいじという藩《はん》の上役《うわやく》もいて、すぐれた人材《じんざい》を育《そだ》てるための長州藩《ちょうしゅうはん》による留学生《りゅうがくせい》の派遣《はけん》だったのです。

五日《いつか》ほどの航海《こうかい》で船《ふね》は上海《シャンハイ》へ着《つ》きました。たくさんの蒸気船《じょうきせん》や帆船《はんせん》が港《みなと》を出入《でい》りし、港《みなと》へつづく広《ひろ》い川《かわ》ぞいにはヨーロッパ風《ふう》の建物《たてもの》がならんでいます。船着《ふなつ》き場《ば》にはたくさんの店《みせ》があって、まるでお祭《まつ》りのようなにぎやかさです。

「これはすごい。」

利助《りすけ》は思《おも》わずためいきをつきました。まちなみは美《うつく》しく大《おお》きく、活気《かっき》にあふれていました。利助《りすけ》の横《よこ》で、このけしきをながめていた井上馨《いのうえかおる》がはきすてるようにいいました。

「もう攘夷《じょうい》なんて、やめた。ぼやぼやしていたら日本《にほん》は外国《がいこく》からおいてきぼりにされてしまう。」

「上海《シャンハイ》を見《み》ただけで、そんなふうに考《かんが》えるのは単純《たんじゅん》すぎる。」

といいながら、利助《りすけ》も馨《かおる》の思《おも》いがいたいほどにわかるのでした。

五人《にん》は上海《シャンハイ》からは二せきの船《ふね》にわかれてイギリスの首都《しゅと》ロンドンへむかいました。利助《りすけ》と馨《かおる》ののった船《ふね》は三百トンほどの小《ちい》さな帆船《はんせん》のため、三か月《げつ》ほどもかかって一八六三年《ねん》（文久《ぶんきゅう》三年《ねん》）九月《がつ》、ようやくロンドンへ着《つ》きました。ほかの三人《にん》とも合流《ごうりゅう》したあと、二組《くみ》にわかれて寄宿《きしゅく》し、ロンドン大学《だいがく》で学《まな》ぶことになりました。三か月《げつ》は英語《えいご》をひたすら勉強《べんきょう》し、その後《あと》はそれぞれに好《す》きな学科《がっか》をえらぶことになり、利助《りすけ》と馨《かおる》は軍事《ぐんじ》と政治《せいじ》と経済《けいざい》に決《き》めました。

実《じつ》は利助《りすけ》の留学《りゅうがく》のもうひとつの目的《もくてき》は、英《えい》語《ご》を身《み》につけることでした。

（これから外国《がいこく》とさまざまな交渉《こうしょう》をするためにはまず英語力《えいごりょく》をもたなくてはいけない。）

そう考《かんが》えた利助《りすけ》は外国人《がいこくじん》とも積極的《せっきょくてき》に口《くち》をきき、必死《ひっし》になって英語《えいご》を学《まな》びました。人《ひと》づきあいが上手《じょうず》で、どんな相手《あいて》であってもいつのまにか友《とも》だちになるという生《う》まれついての能力《のうりょく》がありました。ロンドンへきてわずか数《すう》か月《げつ》のうちに寄宿先《きしゅくさき》の奥《おく》さんに英語《えいご》で手紙《てがみ》をかけるようになり、短期間《たんきかん》のイギリス滞在《たいざい》にもかかわらず、日常会話《にちじょうかいわ》には不自由《ふじゆう》がなかったといわれています。

それなのに、なぜ短期間《たんきかん》の留学《りゅうがく》になってしまったのでしょうか。半年《はんとし》ほどすぎたころ、イギリスの新聞《しんぶん》『ロンドンタイムス』に長州《ちょうしゅう》がアメリカ・イギリス・フランス・オランダの四国艦隊《しこくかんたい》と戦《たたか》うという記事《きじ》が出《で》たからです。
「なんとおろかなことを。いくさになれば長《ちょう》州《しゅう》はたちまちほろんでしまう。すべてにおくれている日本《にほん》が勝《か》てるはずはない。どんなことがあってもいくさをやめさせなくてはならない。」

利助《りすけ》と馨《かおる》はほかの三人《にん》をのこしていそいで日本《にほん》へもどりました。一八六四年《ねん》（元治元《げんじがん》年《ねん》）六月《がつ》、利助《りすけ》が二十四さいのときでした。
　ふたりはただちにイギリス公使《こうし》にあい、藩《はん》主《しゅ》を説得《せっとく》するのでいくさはやめてほしいと申《もう》しいれました。横浜《よこはま》から長州《ちょうしゅう》の港《みなと》までイギリスの軍艦《ぐんかん》でおくってもらったふたりは藩《はん》にもどり、家老《かろう》たちの前《まえ》で、自分《じぶん》たちが見聞《けんぶん》した西洋《せいよう》の事情《じじょう》をのべ、「四か国《こく》の公使《こうし》に、攘夷《じょうい》はやめるとつたえてもらいたい。」といいました。

ざんねんながらふたりの申《もう》しいれはうけいれられませんでしたが、外国艦隊《がいこくかんたい》との応接役《おうせつやく》を命《めい》じられ、「よく英国《えいこく》（イギリス）まで行《い》ってきた」と慰労金《いろうきん》まであたえられました。それればかりか四国艦隊《しこくかんたい》と長州藩《ちょうしゅうはん》が講和条約《こうわじょうやく》をむすぶときの使節団《しせつだん》にくわえられ、馨《かおる》とともに通訳《つうやく》をつとめました。

利助《りすけ》が予想《よそう》したとおり、英語力《えいごりょく》を身《み》につけることによって、みごと藩《はん》になくてはならない人物《じんぶつ》としてみとめられるようになったのです。まずしく身分《みぶん》の低《ひく》い家《いえ》に生《う》まれた人間《にんげん》であっても、勉強《べんきょう》して知識《ちしき》を身《み》につければだれでも出世《しゅっせ》できるのだという、子《こ》どものときからの思《おも》いを実現《じつげん》させることができました。

その後《あと》も長州藩《ちょうしゅうはん》において重臣《じゅうしん》として活躍《かつやく》しました。一八六八年《ねん》（明治元年《めいじがんねん》）には、外国《がいこく》通《つう》として開港地《かいこうち》・神戸《こうべ》をかかえる兵庫県《ひょうごけん》の知《ち》事《じ》に任《にん》ぜられ、明治新政府《めいじしんせいふ》の方針《ほうしん》を六か条《じょう》にまとめて提出《ていしゅつ》するまでに出世《しゅっせ》していきました。名前《なまえ》も博文《ひろぶみ》とかえました。

　日本《にほん》を外国《がいこく》に負《ま》けない国《くに》とするには、まず憲法《けんぽう》がなくてはなりません。立憲国家《りっけんこっか》（憲法《けんぽう》のある国《くに》）こそが理想的《りそうてき》な政治体制《せいじたいせい》であると博文《ひろぶみ》は考《かんが》えました。最初《さいしょ》のイギリス留学《りゅうがく》以来《いらい》何度《なんど》も外国《がいこく》へ出《で》かけ、新《あたら》しい国《くに》のすがたをながめてきたからです。

（すぐれた国家《こっか》をつくるには、西洋《せいよう》に負《ま》けない憲法《けんぽう》をもつことだ。）

一八八二年《ねん》（明治《めいじ》十五年《ねん》）、博文《ひろぶみ》は憲法調《けんぽうちょう》査《さ》のため、ドイツのベルリンへ行《い》きました。

そののち、オーストリアやイギリスなどもまわって学者《がくしゃ》に教《おし》えをこい、各国《かっこく》の憲法《けんぽう》のなかみをくわしく調《しら》べました。一年半《ねんはん》の調査旅行《ちょうさりょこう》でしたが、

（これでなんとか日本《にほん》にも憲法《けんぽう》がつくれる。）

と自信《じしん》をもってもどってきました。

そして一八八五年《ねん》（明治十八年《めいじねん》）、初代《しょだい》の内閣総理大臣《ないかくそうりだいじん》になり、一八八八年《ねん》（明治《めいじ》二十一年《ねん》）には国家《こっか》の重要《じゅうよう》なことを決《き》めるところとして枢密院《すうみついん》をつくり、天皇《てんのう》もそこに出《で》て話《はな》しあうようにしました。その翌年《よくとし》、念願《ねんがん》の大日本帝国憲法《だいにっぽんていこくけんぽう》、いわゆる明治憲法《めいじけんぽう》が発布《はっぷ》されました。

明治憲法《めいじけんぽう》が政治《せいじ》の中心《ちゅうしん》に天皇《てんのう》をおいたため、軍国主義《ぐんこくしゅぎ》への道《みち》をひらいたと批判《ひはん》する人《ひと》もいますが、これが日本《にほん》ではじめて、言論《げんろん》の自由《じゆう》をみとめた憲法《けんぽう》となりました。古《ふる》い身分《みぶん》制度《せいど》もなくなり、国民《こくみん》のための政治《せいじ》を進《すす》める憲法《けんぽう》であったということもできます。

この憲法《けんぽう》が発布《はっぷ》されたとき、日本中《にほんじゅう》の国民《こくみん》が、よくわからないなりに、よろこんだといいます。

「これで日本《にほん》も西洋《せいよう》に負《ま》けない文明国《ぶんめいこく》になった。」

と、各地《かくち》でお祝《いわ》いの会《かい》がひらかれ、商店《しょうてん》でもたる酒《ざけ》がふるまわれ、大《おお》さわぎになったといわれています。

博文《ひろぶみ》も発布後《はっぷご》、憲法《けんぽう》による議会政治《ぎかいせいじ》をおこなうため、各地《かくち》を講演《こうえん》してまわりました。

「国民《こくみん》が参加《さんか》できる憲法《けんぽう》による政治《せいじ》とは、国民《こくみん》が自分《じぶん》の利害《りがい》をきちんと主張《しゅちょう》できるものでなくてはなりません。」

と、国民《こくみん》が自分《じぶん》の立場《たちば》を主張《しゅちょう》できることのたいせつさについて話《はな》しました。また、議員《ぎいん》になる人《ひと》には、

「選挙《せんきょ》でえらばれて議会《ぎかい》へ行《い》く者《もの》は、一部《いちぶ》の国民《こくみん》の代表《だいひょう》でなく、全国民《ぜんこくみん》の代表《だいひょう》として良心《りょうしん》をもって議決《ぎけつ》にのぞむべきです。」

と、心《こころ》がまえを語《かた》りました。

博文《ひろぶみ》はあわせて、四回《かい》にわたって総理大臣《そうりだいじん》をつとめ、また立憲政友会《りっけんせいゆうかい》の総裁《そうさい》となって、いまもおこなわれている政党政治《せいとうせいじ》への道《みち》をきりひらきました。

総理大臣《そうりだいじん》になってもいばることなく、うれしいときもかなしいときも、感情《かんじょう》のおもむくまま、まるで、子《こ》どものようにすなおにふるまったといわれています。

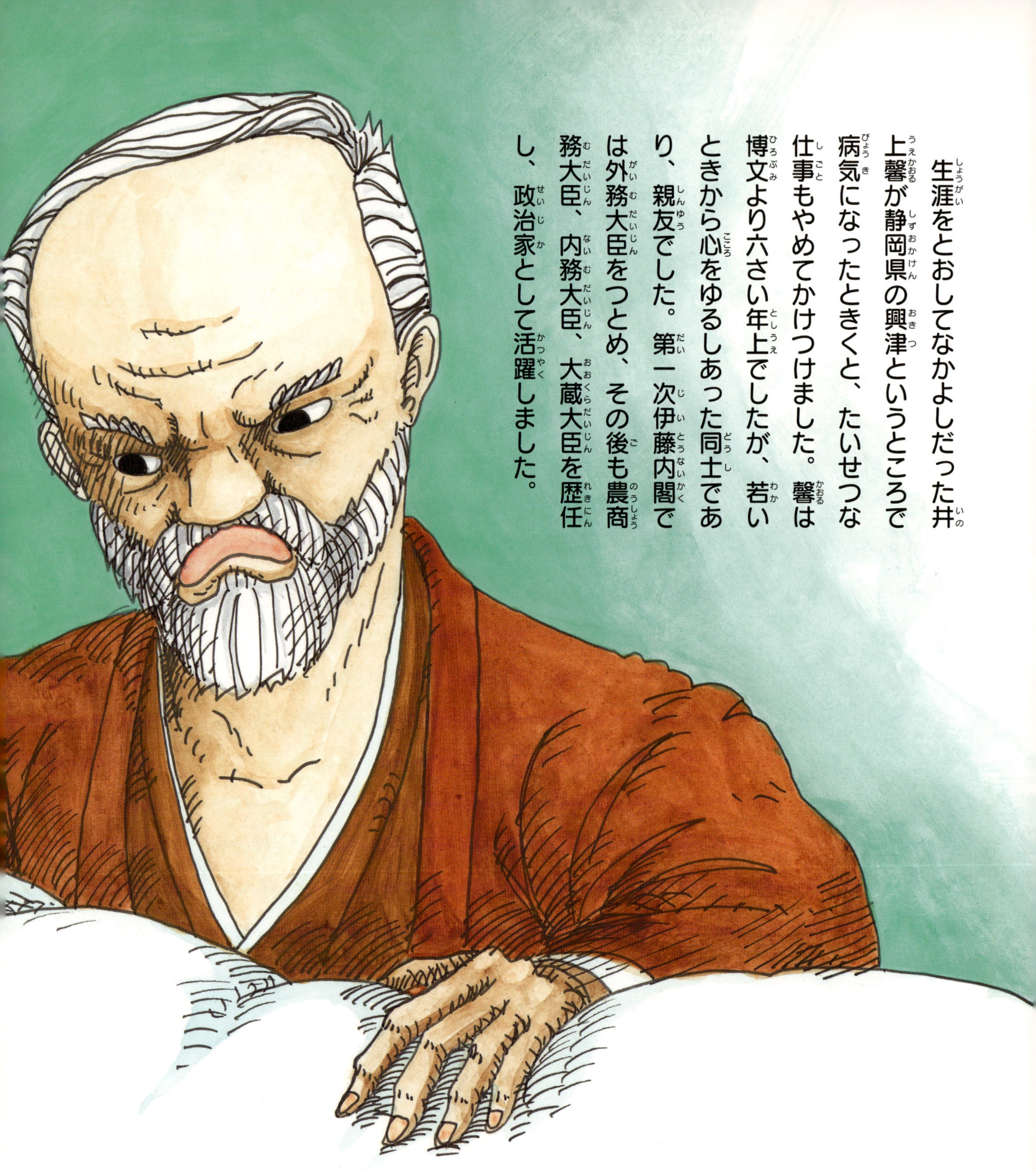

生涯《しょうがい》をとおしてなかよしだった井《いの》上《うえ》馨《かおる》が静岡県《しずおかけん》の興津《おきつ》というところで病気《びょうき》になったときくと、たいせつな仕事《しごと》もやめてかけつけました。馨《かおる》は博文《ひろぶみ》より六さい年上《としうえ》でしたが、若《わか》いときから心《こころ》をゆるしあった同士《どうし》であり、親友《しんゆう》でした。第《だい》一次《じ》伊藤内閣《いとうないかく》では外務大臣《がいむだいじん》をつとめ、その後《ご》も農商《のうしょう》務大臣《むだいじん》、内務大臣《ないむだいじん》、大蔵大臣《おおくらだいじん》を歴任《れきにん》し、政治家《せいじか》として活躍《かつやく》しました。

博文《ひろぶみ》は病気《びょうき》の馨《かおる》に、

「病気《びょうき》なんぞに負《ま》けるな。これまで、どんななんぎも力《ちから》をあわせてのりきってきたではないか。手伝《てつだ》ってほしい仕事《しごと》は山《やま》ほどある。はやく元気《げんき》になってくれ。きみの病気《びょうき》がなおるまで、わたしもここにいるぞ。」

といって、帰《かえ》ろうとしません。そして、なんと十数日間《すうにちかん》も、みずから看《かん》病《びょう》をつづけ、馨《かおる》のぐあいが少《すこ》しよくなったのをたしかめてからかえっていきました。

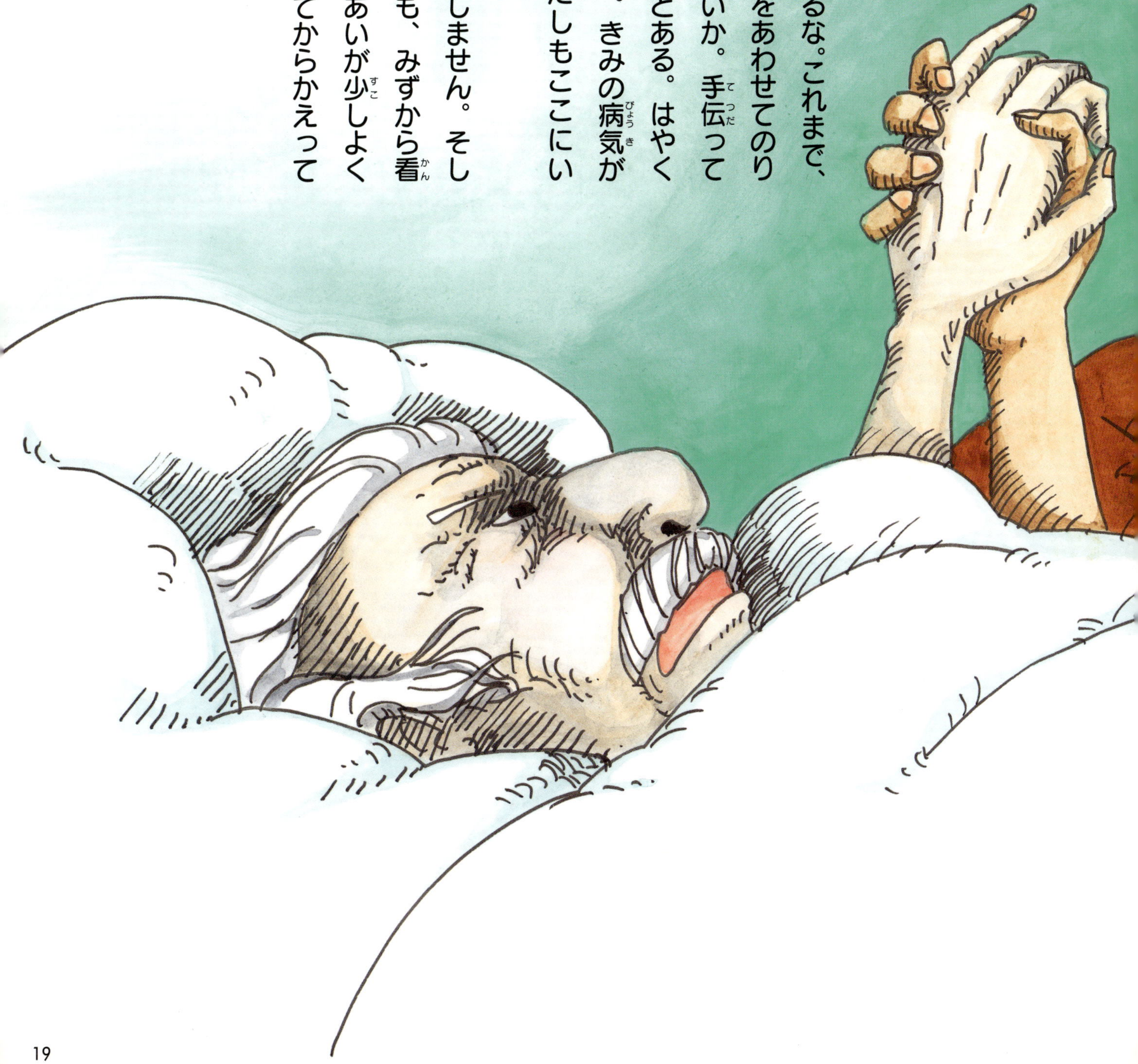

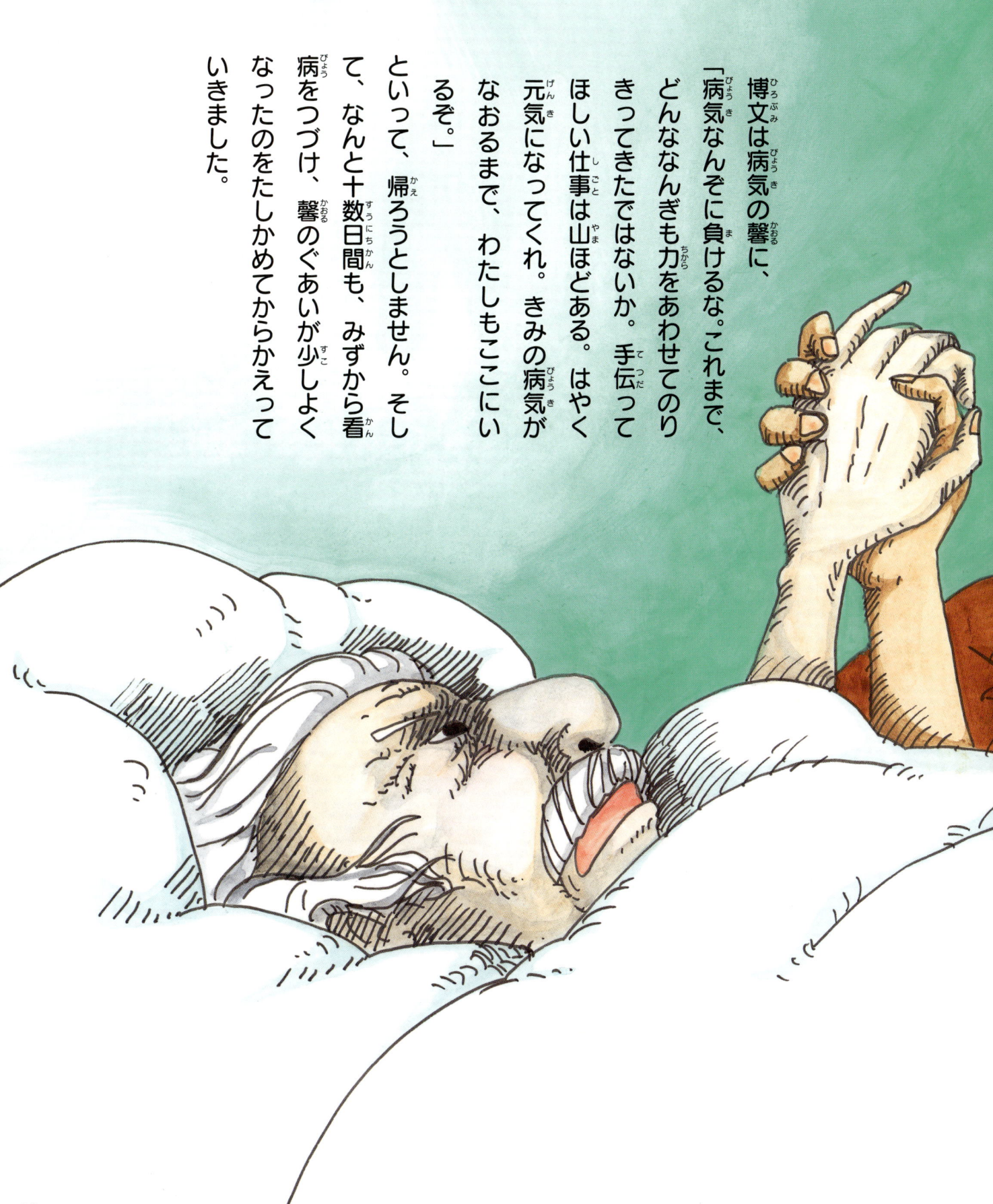

博文《ひろぶみ》の思《おも》いがつうじたのか、重《おも》かった馨《かおる》の病気《びょうき》も回復《かいふく》し、その翌年《よくとし》の一九〇九年《ねん》（明治《めいじ》四十二年《ねん》）五月《がつ》、東京《とうきょう》の井上邸《いのうえてい》で馨《かおる》の快気祝《かいきいわ》いの園遊会《えんゆうかい》がひらかれました。みんなが見《み》まもるなか、博文《ひろぶみ》のお祝《いわ》いのスピーチがはじまりました。

「井上《いのうえ》とわたしの交際《こうさい》がはじまったのは五十年前《ねんまえ》、わたしが十八さいで、江戸《えど》へ出《で》たときでした。それ以来《いらい》五十年《ねん》、世《よ》の中《なか》にはいろいろ変化《へんか》があってもふたりの友情《ゆうじょう》は少《すこ》しもかわりません。そのあいだ、井上《いのうえ》とわたしが火花《ひばな》をちらして争《あらそ》ったことは数知《かずし》れず、絶交《ぜっこう》しようと考《かんが》えたこともありました。しかし、それは政治《せいじ》のうえの意見《いけん》のちがいで、個人《こじん》としては無二《むに》の親友《しんゆう》でありつづけました。昨年《さくねん》、井上《いのうえ》は医師《いし》も見《み》はなすような病気《びょうき》になりましたが、今日《きょう》、この席《せき》でふたたび無事《ぶじ》なすがたを見《み》たわたしのよろこびはことばでいいあらわせません。むかしながらの声《こえ》をきき、すがたを見《み》て、もう胸《むね》がいっぱいです。」

そこまでいうと、ことばがとまり、博文《ひろぶみ》の目《め》から涙《なみだ》があふれ、むせび泣《な》くようでした。一座《いちざ》はしーんとなり、思《おも》わずもらい泣《な》きする人《ひと》もいました。

しかし、博文《ひろぶみ》はその年《とし》の十月《がつ》、満州《まんしゅう》（中国《ちゅうごく》東北地方《とうほくちほう》）のハルビン駅前《えきまえ》で朝鮮《ちょうせん》の独立《どくりつ》をめざす青年活動家《せいねんかつどうか》に暗殺《あんさつ》され、六十九さいの生《しょう》涯《がい》を終《お》えました。

伊藤博文《いとうひろぶみ》ってどんな人《ひと》？

日本《にほん》の初代内閣総理大臣《しょだいないかくそうりだいじん》になった伊藤博文《いとうひろぶみ》は、どのような人《ひと》だったのでしょうか。

長州藩《ちょうしゅうはん》の農民《のうみん》から足軽《あしがる》へ

伊藤博文《いとうひろぶみ》は、一八四一年《ねん》（天保《てんぽう》十二年《ねん》）九月二日《がつふつか》、長州藩《ちょうしゅうはん》のおさめる周防国《すおうのくに》熊毛郡《くまげぐん》束荷村《つかりむら》（山口県光市《やまぐちけんひかりし》）で生《う》まれました。農民《のうみん》の父《ちち》・林十蔵《はやしじゅうぞう》（のちに重蔵《しげぞう》）と母《はは》・琴子《ことこ》の長男《ちょうなん》で、おさないころの名前《なまえ》は利助《りすけ》といいます。博文《ひろぶみ》が生《う》まれたころ、家《いえ》はまずしく、博文《ひろぶみ》が六さいのとき、父《ちち》は母《はは》と博文《ひろぶみ》を母《はは》の実《じっ》家《か》にあずけ、萩《はぎ》（山口県萩市《やまぐちけんはぎし》）にはたらきに行《い》きました。**足軽《あしがる》**の伊藤直右衛門《いとうなおえもん》につかえてみとめられた十蔵《じゅうぞう》は、三年後《ねんご》には家族《かぞく》を萩《はぎ》によびよせます。そして一八五四年《ねん》、博文《ひろぶみ》が十四さいのとき、父《ちち》が伊藤家《いとうけ》の養子《ようし》になり、農民《のうみん》だった博文《ひろぶみ》も、足軽《あしがる》の身分《みぶん》になったのです。

博文《ひろぶみ》が６さいまですごした生家《せいか》（復元《ふくげん》）。
（写真提供《しゃしんていきょう》：山口県光市伊藤公資料館《やまぐちけんひかりしいとうこうしりょうかん》）

一八五三年《ねん》（嘉永《かえい》六年《ねん》）、アメリカの**ペリー**が四せきの軍艦《ぐんかん》で浦賀《うらが》に来航《らいこう》しました。外国《がいこく》がきたことにあわてた幕府《ばくふ》は、いろいろな藩《はん》に海岸線《かいがんせん》を警備《けいび》するように命《めい》じます。長州藩《ちょうしゅうはん》の担当《たんとう》は相模国《さがみのくに》の一部《いちぶ》です。博文《ひろぶみ》も、一八五六年《ねん》（安政《あんせい》三年《ねん》）の秋《あき》に相模《さがみ》におもむきました。

1841（天保《てんぽう》12）～1909（明治《めいじ》42）年《ねん》

1963年《ねん》から23年間《ねんかん》、肖像《しょうぞう》が千円札《せんえんさつ》につかわれた。（国立国会図書館所蔵《こくりつこっかいとしょかんしょぞう》）

志士《しし》たちとのまじわり

一八五七年《ねん》（安政《あんせい》四年《ねん》）、周防国《すおうのくに》にもどった博文《ひろぶみ》は吉田松陰《よしだしょういん》の教《おし》える私《し》塾《じゅく》、松下村塾《しょうかそんじゅく》に入《はい》りました。博文《ひろぶみ》が松《しょう》下村塾《かそんじゅく》にいたのは半年《はんとし》ほどですが、松《しょう》陰《いん》は博文《ひろぶみ》の人格《じんかく》を「なかなかの周旋家《しゅうせんか》（交渉役《こうしょうやく》）になりそうだ」と評価《ひょうか》しま

吉田松陰《よしだしょういん》は安政《あんせい》の大獄《たいごく》でとらえられ、処刑《しょけい》された。(国立国会図書館所蔵《こくりつこっかいとしょかんしょぞう》)

した。実際《じっさい》、おとなになってからの博文《ひろぶみ》は、日本人《にほんじん》とも外国人《がいこくじん》ともなかよくなるのがうまく、説得《せっとく》と意見《いけん》の調整《ちょうせい》が上手《じょうず》な政治家《せいじか》だったといわれています。

博文《ひろぶみ》は松下村塾《しょうかそんじゅく》に入《はい》ったことをきっかけに、多《おお》くの人《ひと》にであいました。塾《じゅく》の先輩《せんぱい》にあたる高杉晋作《たかすぎしんさく》↓29ページなどは、とくに博文《ひろぶみ》をかわいがりました。

一八五九年《ねん》（安政六年《あんせいろくねん》）には**桂小五郎《かつらこごろう》**（のちの木戸孝允《きどたかよし》）の従者《じゅうしゃ》（おつきの者《もの》）となり、江戸《えど》へ行《い》きました。小五郎《こごろう》は、西郷隆盛《さいごうたかもり》・大久保利通《おおくぼとしみち》とならんで「維新《いしん》の三傑《さんけつ》」とよばれる明治維新《めいじいしん》で活躍《かつやく》した人物《じんぶつ》です。

博文《ひろぶみ》は江戸《えど》で、生涯《しょうがい》の親友《しんゆう》となる井上馨《いのうえかおる》↓29ページとであいました。このころ、**攘夷《じょうい》**をめざす長州藩《ちょうしゅうはん》は、諸外国《しょがいこく》に対抗《たいこう》できる力《ちから》をつけたいと考《かんが》えていました。馨《かおる》は、藩《はん》にお金《かね》を出《だ》してもらい、イギリスへ海軍《かいぐん》の勉強《べんきょう》をしにいこうと思《おも》っていました。そこで一八六三年《ねん》（文久三年《ぶんきゅうさんねん》）、親友《しんゆう》の博文《ひろぶみ》にもイギリスへ行《い》こうともちかけました。このころの日本《にほん》は**鎖国政策《さこくせいさく》**をとっていたので、イギリス行《い》きは国《くに》のおきてをやぶる危険《きけん》な行為《こうい》です。それでも、外国《がいこく》へ行《い》きたいと思《おも》っていた博文《ひろぶみ》は、この話《はなし》にのりました。

イギリスへの密留学《みつりゅうがく》

イギリスへ行《い》くことになったのは、博文《ひろぶみ》と馨《かおる》のほか三名《めい》（山尾庸三《やまおようぞう》・野村弥吉《のむらやきち》・遠藤謹助《えんどうきんすけ》）です。五人《にん》はイギリス船《せん》で横浜《よこはま》を出発《しゅっぱつ》して中国《ちゅうごく》の上海《シャンハイ》に行《い》き、そこからイギリスへむかいました。イギリスの首都《しゅと》ロンドンに着《つ》いた五人《にん》は英語《えいご》を勉強《べんきょう》しながら、博物館《はくぶつかん》や美《び》術館《じゅつかん》、海軍《かいぐん》の設備《せつび》や造船所《ぞうせんじょ》などの工場《こうじょう》を見学《けんがく》してまわりました。博文《ひろぶみ》はイギリスの文化《ぶんか》が発達《はったつ》していることにおどろき、このような国《くに》と戦《たたか》っても勝《か》てないと思《おも》いました。そして、攘夷《じょうい》の考《かんが》えをすて、日本《にほん》の開国《かいこく》をめざすようになります。

そのころ日本《にほん》では、大《おお》きな事件《じけん》がおきていました。五人《にん》がイギリスへむかった年《とし》、長州藩《ちょうしゅうはん》はアメリカ・フランス・オランダの船《ふね》を砲撃《ほうげき》しました。また、おなじ年《とし》に薩英戦争《さつえいせんそう》もおこりました。博文《ひろぶみ》たちは、事件《じけん》の何《なん》か月《げつ》もあとに、イギリスの新聞《しんぶん》でこのことを知《し》りました。博文《ひろぶみ》と馨《かおる》は、長州藩《ちょうしゅうはん》に攘夷《じょうい》を思《おも》いとどまらせようと、いそいで日本《にほん》へもどることになりました。

密留学《みつりゅうがく》した５人《にん》は「長州五傑《ちょうしゅうごけつ》」とよばれる。後列右《こうれつみぎ》が博文《ひろぶみ》、前列左《ぜんれつひだり》が馨《かおる》。(山口県光市伊藤公資料館所蔵《やまぐちけんひかりしいとうこうしりょうかんしょぞう》)

明治新政府《めいじしんせいふ》での出世《しゅっせ》

帰国《きこく》した博文《ひろぶみ》と馨《かおる》は在日《ざいにち》イギリス公《こう》使《し》のオールコックに面会《めんかい》し、長州藩《ちょうしゅうはん》への攻撃《こうげき》を待《ま》ってもらう約束《やくそく》をして長州《ちょうしゅう》にもどりました。ところが、攘夷《じょうい》の考《かんが》えでかたまっている藩《はん》は、ふたりの説《せつ》得《とく》に応《おう》じません。ついに一八六四年《ねん》(元治元年《げんじがんねん》)八月《がつ》、長州藩《ちょうしゅうはん》はアメリカ・フランス・オランダ・イギリスに下関《しものせき》を砲撃《ほうげき》され(四国艦隊下関砲撃事件《しこくかんたいしものせきほうげきじけん》)、高杉晋作《たかすぎしんさく》を使者《ししゃ》にたてて四か国《こく》と講和《こうわ》条約《じょうやく》をむすびました。このとき博文《ひろぶみ》と馨《かおる》は通訳《つうやく》として晋作《しんさく》に同行《どうこう》しました。

その後《ご》、日本《にほん》は明治《めいじ》という新《あたら》しい時《じ》代《だい》にむけて進《すす》んでいきます。一八六七年《ねん》、大政奉還《たいせいほうかん》と王政復古《おうせいふっこ》の大号令《だいごうれい》によって、江戸時代《えどじだい》は終《お》わりました。明《めい》治維新《じいしん》によってできた新政府《しんせいふ》で、博文《ひろぶみ》は英語力《えいごりょく》を高《たか》く評価《ひょうか》され、外交部門《がいこうぶもん》の役職《やくしょく》に任命《にんめい》されます。そこで機転《きてん》をきかせて活躍《かつやく》した博文《ひろぶみ》は、一八六八年《ねん》(明治元年《めいじがんねん》)五月《がつ》に初代兵庫県知事《しょだいひょうごけんちじ》に任命《にんめい》されました。開港《かいこう》した神戸港《こうべこう》をかかえる兵庫県《ひょうごけん》の知事《ちじ》は、外国《がいこく》との交渉《こうしょう》ごとの多《おお》い重要《じゅうよう》な役職《やくしょく》でした。その後《ご》、博文《ひろぶみ》は大蔵少輔《おおくらのしょうゆう》(現在《げんざい》の財務省次《ざいむしょうじ》官《かん》)や民部少輔《みんぶのしょうゆう》もつとめました。

1864年《ねん》(元治元年《げんじがんねん》)の四国艦隊下関砲撃事件《しこくかんたいしものせきほうげきじけん》で、下関《しものせき》の砲台《ほうだい》を占拠《せんきょ》するイギリス軍《ぐん》。(横浜開港資料館所蔵《よこはまかいこうしりょうかんしょぞう》)

日本《にほん》の政治《せいじ》の中心《ちゅうしん》に

どんな役職《やくしょく》についても成功《せいこう》をおさめる博文《ひろぶみ》は、大久保利通《おおくぼとしみち》や岩倉具視《いわくらともみ》といった政府《せいふ》の中心人物《ちゅうしんじんぶつ》に信頼《しんらい》されるようになります。政府《せいふ》のなかでも、だんだんと発言力《はつげんりょく》を強《つよ》めていきました。

一八七一年《ねん》(明治四年《めいじねん》)、博文《ひろぶみ》は岩《いわ》倉使節団《くらしせつだん》のひとりとして外国《がいこく》を視察《しさつ》してまわりました。当時《とうじ》、先進国《せんしんこく》とよばれる欧米《おうべい》の国《くに》ぐにでは、憲法《けんぽう》や法律《ほうりつ》にのっとって、秩序《ちつじょ》のある政治《せいじ》をおこなっていました。この旅行《りょこう》をとおして、博文《ひろぶみ》は、近代化《きんだいか》をめざす日本《にほん》にも憲法《けんぽう》が必要《ひつよう》だと考《かんが》えはじめます。

一八七八年《ねん》(明治十一年《めいじねん》)に大久保《おおくぼ》利通《としみち》が暗殺《あんさつ》されたあと、博文《ひろぶみ》は政府《せいふ》の中心人物《ちゅうしんじんぶつ》となりました。そして、憲法《けんぽう》にもとづいた近代的《きんだいてき》な政治体制《せいじたいせい》をつくりはじめます。一八八二年《ねん》（明治《めいじ》十五年《ねん》）、四十二さいとなった博文《ひろぶみ》は、有能《ゆうのう》な側近《そっきん》であった井上毅《いのうえこわし》らをつれてヨーロッパへ憲法《けんぽう》の調査《ちょうさ》におもむきました。そして憲法《けんぽう》の草案《そうあん》をつくりながら、一八八五年《ねん》（明治《めいじ》十八年《ねん》）十二月《がつ》、博文《ひろぶみ》は近代的内閣《きんだいてきないかく》↓26ページをつく

第《だい》1次《じ》伊藤内閣《いとうないかく》の顔《かお》ぶれ

- ●内閣総理大臣《ないかくそうりだいじん》－伊藤博文《いとうひろぶみ》（長州藩出身《ちょうしゅうはんしゅっしん》）
  日本《にほん》の近代的《きんだいてき》な内閣制度《ないかくせいど》をつくる。
- ●外務大臣《がいむだいじん》－井上馨《いのうえかおる》（長州藩出身《ちょうしゅうはんしゅっしん》）
  農商務《のうしょうむ》・内務《ないむ》・大蔵大臣《おおくらだいじん》を歴任《れきにん》。欧化政策《おうかせいさく》をとる。
- ●内務大臣《ないむだいじん》－山県有朋《やまがたありとも》（長州藩出身《ちょうしゅうはんしゅっしん》）
  徴兵令《ちょうへいれい》の制定《せいてい》をすすめ、陸軍《りくぐん》の基礎《きそ》をきずく。
- ●大蔵大臣《おおくらだいじん》－松方正義《まつかたまさよし》（薩摩藩出身《さつまはんしゅっしん》）
  長《なが》く大蔵大臣《おおくらだいじん》をつとめ、日本銀行《にほんぎんこう》を設立《せつりつ》。
- ●陸軍大臣《りくぐんだいじん》－大山巌《おおやまいわお》（薩摩藩出身《さつまはんしゅっしん》）
  陸軍《りくぐん》をきたえ、日清《にっしん》・日露戦争《にちろせんそう》の勝利《しょうり》に貢献《こうけん》。
- ●海軍大臣《かいぐんだいじん》－西郷従道《さいごうつぐみち》（薩摩藩出身《さつまはんしゅっしん》）
  西郷隆盛《さいごうたかもり》の弟《おとうと》。海軍《かいぐん》のしくみを整備《せいび》。
- ●司法大臣《しほうだいじん》－山田顕義《やまだあきよし》（長州藩出身《ちょうしゅうはんしゅっしん》）
  法律《ほうりつ》を整備《せいび》。国学院大学《こくがくいんだいがく》や日本大学《にほんだいがく》を創立《そうりつ》。
- ●文部大臣《もんぶだいじん》－森有礼《もりありのり》（薩摩藩出身《さつまはんしゅっしん》）
  教育制度《きょういくせいど》の基礎《きそ》を整備《せいび》。一橋大学《ひとつばしだいがく》を創立《そうりつ》。
- ●農商務大臣《のうしょうむだいじん》－谷干城《たにたてき》（土佐藩出身《とさはんしゅっしん》）
  伊藤内閣《いとうないかく》の欧化政策《おうかせいさく》・藩閥政治《はんばつせいじ》に反対《はんたい》し、辞任《じにん》。
- ●逓信大臣《ていしんだいじん》－榎本武揚《えのもとたけあき》（幕臣出身《ばくしんしゅっしん》）
  文部大臣《もんぶだいじん》、外務大臣《がいむだいじん》を歴任《れきにん》。北海道《ほっかいどう》を開発《かいはつ》。

りあげ、みずから初代《しょだい》の内閣総理大臣《ないかくそうりだいじん》に就任《しゅうにん》しました。

また、一八八八年《ねん》（明治《めいじ》二十一年《ねん》）には、皇室《こうしつ》のきまりや憲法《けんぽう》など国《くに》の重要《じゅうよう》なことを審議《しんぎ》するための枢密院《すうみついん》をつくり、総理大臣《そうりだいじん》を辞任《じにん》して枢密院議長《すうみついんぎちょう》となりました。

大日本帝国憲法《だいにっぽんていこくけんぽう》の発布《はっぷ》

博文《ひろぶみ》の念願《ねんがん》だった「大日本帝国憲法《だいにっぽんていこくけんぽう》」↓26ページが明治天皇《めいじてんのう》によって発布《はっぷ》されたのは、一八八九年《ねん》（明治《めいじ》二十二年《ねん》）二月《がつ》十一日《にち》のことです。この日《ひ》、国民《こくみん》は憲法《けんぽう》の内容《ないよう》がわからないながらも、憲法発布《けんぽうはっぷ》を盛大《せいだい》に祝《いわ》ったといいます。

その後《ご》、博文《ひろぶみ》は内閣総理大臣《ないかくそうりだいじん》を三回《かい》つとめました。第《だい》二次《じ》伊藤内閣《いとうないかく》のときには日清戦争《にっしんせんそう》で勝利《しょうり》し、日本全権《にほんぜんけん》（話《はな》しあいの内容《ないよう》の決定権《けっていけん》をもつ人物《じんぶつ》）として下関条約《しものせきじょうやく》をむすびました。また、一九〇〇年《ねん》（明治《めいじ》三十三年《ねん》）には立憲政友会《りっけんせいゆうかい》を結成《けっせい》し、初代総裁《しょだいそうさい》をつとめました。そして一九〇五年《ねん》（明治《めいじ》三十八年《ねん》）、韓国《かんこく》統監府《とうかんふ》（韓国《かんこく》をおさめるためにおかれた役所《やくしょ》）の初代統監《しょだいとうかん》をひきうけました。六十五さいになっていた博文《ひろぶみ》は、からだのおとろえを感《かん》じながらも、韓国《かんこく》の近代化《きんだいか》を強制的《きょうせいてき》にすすめました。

しかし、これが韓国《かんこく》の人《ひと》びとの不満《ふまん》をよびました。そして一九〇九年《ねん》（明治《めいじ》四十二年《ねん》）十月《がつ》二十六日《にち》、博文《ひろぶみ》は満州《まんしゅう》の視察旅行中《しさつりょこうちゅう》に、韓国人《かんこくじん》の青年《せいねん》、安重根《アンジュングン》に暗殺《あんさつ》されました。六十九さいの生涯《しょうがい》でした。

大日本帝国憲法《だいにっぽんていこくけんぽう》の発布式《はっぷしき》のようす。
（「憲法発布式之図《けんぽうはっぷしきのず》」伊藤芳峡《いとうほうきょう》　衆議院憲政記念館所蔵《しゅうぎいんけんせいきねんかんしょぞう》）

伊藤博文《いとうひろぶみ》が実現《じつげん》した制度《せいど》

日本《にほん》の近代化《きんだいか》のために、伊藤《いとう》博文《ひろぶみ》がつくった制度《せいど》の内容《ないよう》を見《み》てみましょう。

近代的内閣《きんだいてきないかく》の設立《せつりつ》

明治《めいじ》に入《はい》ったばかりの日本《にほん》の政治《せいじ》ではまだ、律令制度《りつりょうせいど》のながれをくむ太政《だじょう》官制《かんせい》という制度《せいど》を採用《さいよう》していました。これは、太政大臣《だじょうだいじん》・右大臣《うだいじん》・左大臣《さだいじん》を最高職《さいこうしょく》として、その下《した》に補佐的《ほさてき》な役割《やくわり》の参議《さんぎ》をおいて政治《せいじ》の中心《ちゅうしん》とする古《ふる》い制度《せいど》でした。

博文《ひろぶみ》は、欧米型《おうべいがた》の内閣《ないかく》のしくみにならい、総理大臣《そうりだいじん》が実務《じつむ》を担当《たんとう》する大臣《だいじん》をひきいる内閣《ないかく》をつくることにしました。内閣総理大臣《ないかくそうりだいじん》を指名《しめい》するのは、天皇《てんのう》です。博文《ひろぶみ》がはじめに組織《そしき》した内閣《ないかく》は、長州藩出身者《ちょうしゅうはんしゅっしんしゃ》四人《にん》、薩摩藩出身者《さつまはんしゅっしんしゃ》四人《にん》、土佐藩出身者《とさはんしゅっしんしゃ》一人《ひとり》、幕府《ばくふ》の家臣《かしん》一人《ひとり》という、政治的《せいじてき》な立場《たちば》から考《かんが》えると、たいへんにかたよったものでした。このように、維新《いしん》に貢献《こうけん》した藩《はん》の出身者《しゅっしんしゃ》が中心《ちゅうしん》となって進《すす》めた政治《せいじ》は、「藩閥政治《はんばつせいじ》」とよばれました。

一八九〇年《ねん》（明治《めいじ》二十三年《ねん》）十一月《がつ》二十九日《にち》に、ついに日本《にほん》ではじめての国会《こっかい》(帝国議会《ていこくぎかい》)がひらかれました。第《だい》一回帝国議会《かいていこくぎかい》では翌年《よくとし》の予算《よさん》の審議《しんぎ》がおこなわれましたが、議員《ぎいん》の多《おお》くが予《よ》算案《さんあん》に反対《はんたい》し、議会《ぎかい》は大荒《おおあ》れしました。

第《だい》1回衆議院議会《かいしゅうぎいんぎかい》には、その約《やく》5か月前《げつまえ》の選挙《せんきょ》でえらばれた議員《ぎいん》が出席《しゅっせき》した。（「帝国議会衆議院之図《ていこくぎかいしゅうぎいんのず》」 楊斎延一《ようさいのぶかず》 1891年《ねん》 山口県立山口博物館所蔵《やまぐちけんりつやまぐちはくぶつかんしょぞう》）

大日本帝国憲法《だいにっぽんていこくけんぽう》

博文《ひろぶみ》が日本《にほん》の憲法《けんぽう》をつくるにあたって参考《さんこう》にしたのは、一八七一年《ねん》（明治《めいじ》四年《ねん》）に成立《せいりつ》したドイツのプロシア憲《けん》法《ぽう》です。ドイツの首相《しゅしょう》ビスマルクは、皇帝《こうてい》を中心《ちゅうしん》として軍《ぐん》の力《ちから》で国《くに》を強《つよ》くする政策《せいさく》をとっていました。博文《ひろぶみ》は、天《てん》皇《のう》を中心《ちゅうしん》とした政治体制《せいじたいせい》をつくるのに、プロシア憲法《けんぽう》がよい手本《てほん》になると思《おも》ったのです。一八八九年《ねん》（明治《めいじ》二十二年《ねん》）に、大日本帝国憲法《だいにっぽんていこくけんぽう》は発布《はっぷ》されました。

大日本帝国憲法《だいにっぽんていこくけんぽう》の特《とく》ちょう

●天皇主権《てんのうしゅけん》

「法律《ほうりつ》は天皇《てんのう》の許可《きょか》がなければ効力《こうりょく》をもたない」「役人《やくにん》は天皇《てんのう》が任命《にんめい》する」「天《てん》皇《のう》が陸海軍《りくかいぐん》を統率《とうそつ》する」など、天皇《てんのう》に大《おお》きな権限《けんげん》がみとめられていました。

●臣民《しんみん》（国民《こくみん》）の権利《けんり》

すむところや宗教《しゅうきょう》、言論《げんろん》の自由《じゆう》。（ただし、法律《ほうりつ》で制限《せいげん》できる）

●臣民《しんみん》の義務《ぎむ》

税金《ぜいきん》をおさめる、教育《きょういく》をうける、軍隊《ぐんたい》に入《はい》る（兵役《へいえき》）など。

●国会《こっかい》の二院制《にいんせい》

国会《こっかい》は貴族院《きぞくいん》と衆議院《しゅうぎいん》で構成《こうせい》される。

・貴族院《きぞくいん》＝皇族《こうぞく》・華族《かぞく》の成人男子《せいじんだんし》を中心《ちゅうしん》とした議員《ぎいん》で構成《こうせい》。

・衆議院《しゅうぎいん》＝一般臣民《いっぱんしんみん》から選挙《せんきょ》でえらばれた議員《ぎいん》で構成《こうせい》。

選挙《せんきょ》で投票《とうひょう》できるのは、税金《ぜいきん》を15円《えん》以《い》上《じょう》おさめる満《まん》25さい以上《いじょう》の男子《だんし》のみで、全人口《ぜんじんこう》の約《やく》1パーセントほどにしかすぎなかった。

鉄道《てつどう》の開設《かいせつ》

大蔵省《おおくらしょう》と民部省《みんぶしょう》でつとめているとき、博文《ひろぶみ》は日本《にほん》に鉄道《てつどう》を走《はし》らせる計画《けいかく》をおしすすめました。イギリスの銀行《ぎんこう》から百万《まん》ポンドを借《か》りいれ、これを鉄《てつ》道建設《どうけんせつ》にあてました。一八七二年《ねん》（明《めい》治《じ》五年《ねん》）には、東京《とうきょう》―横浜《よこはま》間《かん》の鉄道《てつどう》が開通《かいつう》しました。

日本初《にほんはつ》の鉄道《てつどう》は「陸蒸気《おかじょうき》」とよばれ、東京《とうきょう》の新橋《しんばし》から横浜《よこはま》（神奈川県《かながわけん》）のあいだを走《はし》った。（「横浜鉄道蒸気車往返之図《よこはまてつどうじょうきしゃおうへんのず》」部分《ぶぶん》　三代歌川広重《さんだいうたがわひろしげ》　1873年《ねん》［明治《めいじ》6年《ねん》］　横浜開港資料館所蔵《よこはまかいこうしりょうかんしょぞう》）

新貨幣制度《しんかへいせいど》の成立《せいりつ》

大蔵《おおくら》・民部少輔時代《みんぶのしょうゆうじだい》には、日本《にほん》の貨《か》幣制度《へいせいど》も整《ととの》えました。それまでの日本《にほん》では、旧幕府《きゅうばくふ》や旧藩《きゅうはん》がそれぞれにつくったお金《かね》や、新政府《しんせいふ》がとりあえずつくったお金《かね》などが、ばらばらに流通《りゅうつう》していました。なかにはにせ金《がね》もあったため、人《ひと》びとの生活《せいかつ》や国《くに》の経済《けいざい》に問題《もんだい》がおこっていました。そこで、博文《ひろぶみ》はアメリカへわたり、近代的《きんだいてき》な金融制度《きんゆうせいど》や貨幣製造《かへいせいぞう》について学《まな》びました。帰国《きこく》すると、博文《ひろぶみ》は日本《にほん》で初《はつ》の貨幣《かへい》についての法律《ほうりつ》、新貨条例《しんかじょうれい》を制定《せいてい》しました。この法律《ほうりつ》によって、日本《にほん》の貨幣単位《かへいたんい》として「円《えん》」が正式《せいしき》に採用《さいよう》されました。また、紙幣《しへい》の発行《はっこう》を管理《かんり》する国立銀行《こくりつぎんこう》がつくられました。

新貨条例《しんかじょうれい》でつくられた貨幣《かへい》（原寸大《げんすんだい》）。国内《こくない》で流通《りゅうつう》するのはおもに金貨《きんか》（上《うえ》と中《なか》）で、銀貨《ぎんか》（下《した》）は貿易用《ぼうえきよう》。（日本銀行貨幣博物館所蔵《にほんぎんこうかへいはくぶつかんしょぞう》）

伊藤博文《いとうひろぶみ》が生《い》きた明治時代《めいじじだい》

明治《めいじ》という新《あたら》しい時代《じだい》がきて、日本《にほん》は外国《がいこく》と積極的《せっきょくてき》に交流《こうりゅう》しはじめました。

岩倉使節団《いわくらしせつだん》

明治維新《めいじいしん》の混乱《こんらん》が落《お》ちつくと、日本《にほん》では不平等条約《ふびょうどうじょうやく》を改正《かいせい》しようという動《うご》きが活発《かっぱつ》になりました。

一八五八年《ねん》（安政《あんせい》五年《ねん》）に江戸幕府《えどばくふ》がアメリカとむすんだ日米修好通商条《にちべいしゅうこうつうしょうじょう》約《やく》などの不平等条約《ふびょうどうじょうやく》は、外国人《がいこくじん》が事件《じけん》をおこしたとき、日本人《にほんじん》には裁《さば》けない（領事裁判権《りょうじさいばんけん》）など、日本《にほん》にとって不《ふ》利《り》な内容《ないよう》でした。そこで、外国《がいこく》と親善《しんぜん》をはかり、先進《せんしん》国《こく》の視察《しさつ》をするかたわら、条約改正《じょうやくかいせい》について話《はなし》をするという目的《もくてき》で、使節団《しせつだん》が送《おく》られました。

使節団《しせつだん》の団長《だんちょう》（特命全権大使《とくめいぜんけんたいし》）は、外務卿《がいむきょう》（外務大臣《がいむだいじん》）だった岩倉具《いわくらとも》視《み》です。副使《ふくし》には木戸孝允《きどたかよし》、大久保利《おおくぼとし》通《みち》、伊藤博文《いとうひろぶみ》、山口尚芳《やまぐちなおよし》がえらばれました。留学生《りゅうがくせい》もふくめて百名以上《めいいじょう》の岩《いわ》倉《くら》使節団《しせつだん》は、一八七一年《ねん》（明治《めいじ》四年《ねん》）十一月《がつ》から約《やく》一年半《ねんはん》ものあいだ、アメリカやヨーロッパなどをまわりました。一行《いっこう》は欧米《おうべい》と日本《にほん》の力《ちから》の差《さ》を思《おも》いしらされ、国《くに》の力《ちから》が強《つよ》くなければ諸外《しょがい》国《こく》と対等《たいとう》につきあえないと感《かん》じます。目的《もくてき》の条約改正《じょうやくかいせい》はなりませんでしたが、岩倉使節団《いわくらしせつだん》の帰国後《きこくご》、近代化《きんだいか》が強《つよ》く進《すす》められることになりました。

この使節団《しせつだん》には、五人《にん》の女子留学生《じょしりゅうがくせい》がふくまれていました。最年少《さいねんしょう》の八さいで使節団《しせつだん》に参加《さんか》した津田梅子《つだうめこ》は、その後《ご》十年以上《ねんいじょう》をアメリカですごしました。帰国《きこく》したのちは英語教師《えいごきょうし》などをつとめ、一九〇〇年《ねん》（明治《めいじ》三十三年《ねん》）に女子英学塾《じょしえいがくじゅく》（のちの津田塾大学《つだじゅくだいがく》）を設《せつ》立《りつ》し、女子教育《じょしきょういく》に力《ちから》をそそぎました。

岩倉使節団《いわくらしせつだん》の主要《しゅよう》な５人《にん》。左《ひだり》から木戸孝允《きどたかよし》、山口尚芳《やまぐちなおよし》、岩倉具視《いわくらともみ》、伊藤博文《いとうひろぶみ》、大久保利通《おおくぼとしみち》。（山口県光市伊藤公資料館所蔵《やまぐちけんひかりしいとうこうしりょうかんしょぞう》）

５人《にん》の女子留学生《じょしりゅうがくせい》。右《みぎ》からふたり目《め》が津《つ》田梅子《だうめこ》。（津田塾大学《つだじゅくだいがく》津田梅子資料室所蔵《つだうめこしりょうしつしょぞう》）

伊藤博文《いとうひろぶみ》とおなじ時代《じだい》を生《い》きた人《ひと》びと

井上馨《いのうえかおる》（一八三五～一九一五年《ねん》）

長州藩出身《ちょうしゅうはんしゅっしん》の政治家《せいじか》。藩校《はんこう》の明倫館《めいりんかん》で学《まな》び、博文《ひろぶみ》らとともにイギリスへ密航《みっこう》する。鹿鳴館《ろくめいかん》を建設《けんせつ》するなど欧化政策《おうかせいさく》をすすめ、日本《にほん》にとって不利《ふり》だった外国《がいこく》との条約《じょうやく》の改正《かいせい》に力《ちから》をつくした。

博文《ひろぶみ》との深《ふか》い友情《ゆうじょう》は50年《ねん》以上《いじょう》にわたってつづいた。（国立国会図書館所蔵《こくりつこっかいとしょかんしょぞう》）

高杉晋作《たかすぎしんさく》（一八三九～一八六七年《ねん》）

長州藩《ちょうしゅうはん》の藩士《はんし》。藩校《はんこう》の明倫館《めいりんかん》と松下《しょうか》村塾《そんじゅく》で学《まな》び、身分《みぶん》に関係《かんけい》なく入《い》れる奇《き》兵隊《へいたい》という軍隊《ぐんたい》を結成《けっせい》して外国《がいこく》の勢力《せいりょく》と戦《たたか》った。維新志士《いしんしし》として活躍《かつやく》したが、結核《けっかく》にかかって二十九さいでなくなった。

学問《がくもん》にも武術《ぶじゅつ》にもすぐれていたとつたわる。（国立国会図書館所蔵《こくりつこっかいとしょかんしょぞう》）

山県有朋《やまがたありとも》（一八三八～一九二二年《ねん》）

長州藩出身《ちょうしゅうはんしゅっしん》の政治家《せいじか》。松下村塾《しょうかそんじゅく》で学《まな》び、高杉晋作《たかすぎしんさく》の奇兵隊《きへいたい》で活躍《かつやく》。明治《めいじ》になってからは、陸軍《りくぐん》のしくみを確立《かくりつ》することにつとめた。一八八九～一八九一年《ねん》と一八九八～一九〇〇年《ねん》には内閣総理大臣《ないかくそうりだいじん》をつとめた。

博文《ひろぶみ》の死後《しご》、政治《せいじ》の世界《せかい》や軍《ぐん》で大《おお》きな権力《けんりょく》をもった。（国立国会図書館所蔵《こくりつこっかいとしょかんしょぞう》）

豆《まめ》ちしき

伊藤博文《いとうひろぶみ》の名《な》づけ親《おや》

松下村塾《しょうかそんじゅく》の先輩《せんぱい》だった高杉晋作《たかすぎしんさく》は、博文《ひろぶみ》に二回《かい》も名前《なまえ》をおくりました。はじめは、博文《ひろぶみ》が松下村塾《しょうかそんじゅく》に入《はい》ってきたころのことです。晋作《しんさく》は、博文《ひろぶみ》に「俊輔《しゅんすけ》」という名前《なまえ》をつけました。その後《ご》、博文《ひろぶみ》がおとなになってから、晋作《しんさく》は『論語《ろんご》』の「博文約礼《はくぶんやくれい》」（広《ひろ》く学《がく》問《もん》をおさめ、礼節《れいせつ》にかなっていることを基準《きじゅん》に行動《こうどう》していくこと）という教《おし》えを引用《いんよう》し、「博文《ひろぶみ》」と名《な》のるようにすすめたとつたわっています。博文《ひろぶみ》は、一八六九年《ねん》の夏《なつ》ごろから「博文《ひろぶみ》」という名前《なまえ》をつかうようになりました。

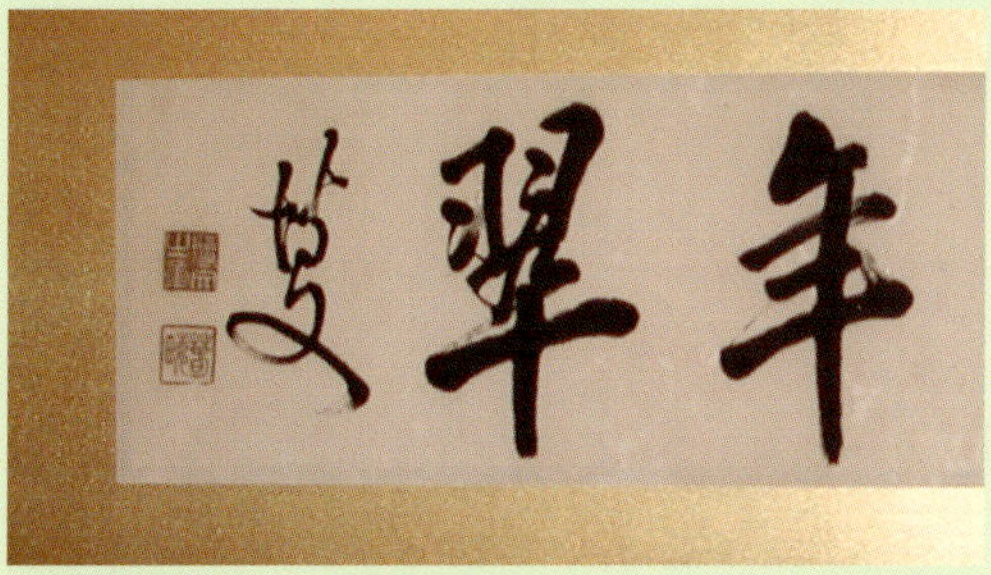

政治家《せいじか》になってからかいた、「博文《ひろぶみ》」と署名《しょめい》のある書《しょ》（部分《ぶぶん》）。おさないころから字《じ》がうまかった博文《ひろぶみ》は、多《おお》くの書《しょ》をのこしている。（山口県光市伊藤公資料館所蔵《やまぐちけんひかりしいとうこうしりょうかんしょぞう》）

もっと知《し》りたい！ 伊藤博文《いとうひろぶみ》

伊藤博文《いとうひろぶみ》ゆかりの場所《ばしょ》、明治時代《めいじじだい》のことがわかる博物館《はくぶつかん》、伊藤博文《いとうひろぶみ》についてかかれた本《ほん》などを紹介《しょうかい》します。

資料館《しりょうかん》 博物館《はくぶつかん》

史跡《しせき》 遺跡《いせき》

伊藤博文《いとうひろぶみ》についてかかれた本《ほん》

山口県光市伊藤公資料館《やまぐちけんひかりしいとうこうしりょうかん》

博文《ひろぶみ》の遺品《いひん》を展示《てんじ》してあるほか、幕末《ばくまつ》から明治《めいじ》にかけての日本《にほん》の動《うご》きを学《まな》ぶことができる。また、公園内《こうえんない》には復元《ふくげん》された博文《ひろぶみ》の生家《せいか》や、博文《ひろぶみ》がこの地《ち》につくらせた別邸《べってい》もある。

〒743-0105
山口県光市東荷《やまぐちけんひかりしつかり》2250-1
伊藤公記念公園内《いとうこうきねんこうえんない》
☎0820-48-1623

資料館《しりょうかん》は、レンガづくりの明治風《めいじふう》の建《たて》物《もの》。（写真提供《しゃしんていきょう》：山口県光市伊藤公資料館《やまぐちけんひかりしいとうこうしりょうかん》）

伊藤博文旧宅《いとうひろぶみきゅうたく》

父《ちち》が伊藤家《いとうけ》の養子《ようし》となったあと、博文《ひろぶみ》がうつりすんだ家《いえ》。博《ひろ》文《ぶみ》はここから松《しょう》下村塾《かそんじゅく》へかよった。

現在《げんざい》、国指定《くにしてい》の史跡《しせき》となっている。（写真提供《しゃしんていきょう》：萩市観光課《はぎしかんこうか》）

〒758-0011
山口県萩市椿東《やまぐちけんはぎしちんとう》1510
☎0838-25-3139（萩市観光課《はぎしかんこうか》）

松下村塾《しょうかそんじゅく》

博文《ひろぶみ》が半年《はんとし》ほど学《まな》んだ私塾《しじゅく》。吉田松陰《よしだしょういん》がひらき、高杉晋作《たかすぎしんさく》や久坂玄瑞《くさかげんずい》、山県有朋《やまがたありとも》など、維新志士《いしんしし》を多《おお》く生《う》みだした。

〒758-0011
山口県萩市椿東《やまぐちけんはぎしちんとう》1537 松陰神社内《しょういんじんじゃない》
☎0838-22-4643（松陰神社《しょういんじんじゃ》）

現在《げんざい》ものこっている松下村塾《しょうかそんじゅく》の建物《たてもの》は、松陰《しょういん》が実家《じっか》の小屋《こや》を修理《しゅうり》・増築《ぞうちく》したもの。（写真提供《しゃしんていきょう》：松陰神社《しょういんじんじゃ》）

旧伊藤博文金沢別邸《きゅういとうひろぶみかなざわべってい》

博文《ひろぶみ》の別荘《べっそう》で、大正天皇《たいしょうてんのう》や当時《とうじ》の韓国皇太子《かんこくこうたいし》もおとずれた。現在《げんざい》の建物《たてもの》は復元《ふくげん》。博《ひろ》文《ぶみ》にかんする資料《しりょう》を展示《てんじ》している。

〒236-0025
神奈川県横浜市金沢区野島町《かながわけんよこはましかなざわくのじまちょう》24
野島公園内《のじまこうえんない》
☎045-788-1919

明治期《めいじき》の別邸《べってい》のつくりがわかる建築物《けんちくぶつ》として、横浜市《よこはまし》の指定文化財《していぶんかざい》となっている。（写真提供《しゃしんていきょう》：財団法人横浜市緑の協会《ざいだんほうじんよこはましみどりのきょうかい》）

『徹底大研究《てっていだいけんきゅう》 日本《にほん》の歴史人物《れきしじんぶつ》シリーズ14 伊藤博文《いとうひろぶみ》』

監修《かんしゅう》／坂本一登《さかもとかずと》
ポプラ社《しゃ》 2004年《ねん》

日本《にほん》の初代内閣総理大臣《しょだいないかくそうりだいじん》となった伊藤博《いとうひろ》文《ぶみ》の生涯《しょうがい》を、豊富《ほうふ》な図版《ずはん》や写真《しゃしん》とともに解《かい》説《せつ》している。博文《ひろぶみ》がどのような人物《じんぶつ》だったかがわかるコラムも掲載《けいさい》。

さくいん・用語解説《ようごかいせつ》

足軽《あしがる》……22
▼武士《ぶし》のなかでももっとも身分《みぶん》の低《ひく》い者《もの》。厳密《げんみつ》には武士《ぶし》とはことなり、子《こ》どもにひきつぐことはできず、原則《げんそく》として一代《だい》のみの身分《みぶん》だった。
安重根《アンジュングン》……25
井上馨《いのうえかおる》……23、24、25、29
井上毅《いのうえこわし》……25
岩倉使節団《いわくらしせつだん》……24、28
岩倉具視《いわくらともみ》……24、28
王政復古《おうせいふっこ》の大号令《だいごうれい》……24
大久保利通《おおくぼとしみち》……23、24、28
華族《かぞく》……27
桂小五郎《かつらこごろう》（木戸孝允《きどたかよし》）……23、28
▼長州藩出身《ちょうしゅうはんしゅっしん》の政治家《せいじか》。明治維新《めいじいしん》では長州藩士《ちょうしゅうはんし》として活躍《かつやく》し、維新後《いしんご》は木戸孝允《きどたかよし》と名《な》のった。
韓国統監府《かんこくとうかんふ》……25
貴族院《きぞくいん》……27
国立銀行《こくりつぎんこう》……27
西郷隆盛《さいごうたかもり》……23
鎖国政策《さこくせいさく》……23
▼江戸幕府《えどばくふ》がとった外国《がいこく》との貿易《ぼうえき》、日本人《にほんじん》の渡航《とこう》を禁止《きんし》した政策《せいさく》。キリスト教《きょう》の禁止《きんし》が目的《もくてき》だった。長崎《ながさき》の出島《でじま》でのみオランダや中国《ちゅうごく》との貿易《ぼうえき》がおこなわれた。
薩英戦争《さつえいせんそう》……23
四国艦隊下関砲撃事件《しこくかんたいしものせきほうげきじけん》……24
下関条約《しものせきじょうやく》……25
衆議院《しゅうぎいん》……27
攘夷《じょうい》……23、24
▼外国《がいこく》の勢力《せいりょく》を日本《にほん》から追《お》いだそうとすること。
松下村塾《しょうかそんじゅく》……22、23、29
新貨条例《しんかじょうれい》……27
臣民《しんみん》……27
枢密院《すうみついん》……25
大政奉還《たいせいほうかん》……24
大日本帝国憲法《だいにっぽんていこくけんぽう》……25、27
高杉晋作《たかすぎしんさく》……23、24、29
太政官制《だじょうかんせい》……26
長州藩《ちょうしゅうはん》……22、23、24、26、29
津田梅子《つだうめこ》……28
帝国議会《ていこくぎかい》……26
天皇主権《てんのうしゅけん》……27
特命全権大使《とくめいぜんけんたいし》……28
内閣総理大臣《ないかくそうりだいじん》……25、26、29
日米修好通商条約《にちべいしゅうこうつうしょうじょうやく》……28
日清戦争《にっしんせんそう》……25
藩閥政治《はんばつせいじ》……26
ビスマルク……26
不平等条約《ふびょうどうじょうやく》……28
プロシア憲法《けんぽう》……26、27
ペリー……22
▼アメリカの海軍軍人《かいぐんぐんじん》。一八五三年《ねん》（嘉永六年《かえいねん》）に四せきの軍艦《ぐんかん》をひきいて浦賀《うらが》に来航《らいこう》した。日本《にほん》に開国《かいこく》をせまり、明治維新《めいじいしん》のきっかけをつくった。
明治維新《めいじいしん》……23、24、28
山県有朋《やまがたありとも》……25、29
山口尚芳《やまぐちなおよし》……28
吉田松陰《よしだしょういん》……22、23
立憲政友会《りっけんせいゆうかい》……25
▼昭和時代初期《しょうわじだいしょき》まで、立憲民政党《りっけんみんせいとう》とならぶ二大政党《だいせいとう》のひとつとして政治《せいじ》を主導《しゅどう》した政党《せいとう》。
鹿鳴館《ろくめいかん》……29

■監修

安田　常雄（やすだ　つねお）

1946年東京都生まれ。東京大学大学院博士課程単位取得。経済学博士。現在、国立歴史民俗博物館特別客員教授。歴史学研究会、同時代史学会などの会員。『日本ファシズムと民衆運動』（れんが書房新社）、『戦後経験を生きる』（共編、吉川弘文館）、『日本史講座（10）戦後日本論』（共編、東京大学出版会）など著書多数。

■文（2〜21ページ）

西本　鶏介（にしもと　けいすけ）

1934年奈良県生まれ。評論家・民話研究家・童話作家として幅広く活躍する。昭和女子大学名誉教授。各ジャンルにわたって著書は多いが、伝記に『心を育てる偉人のお話』全3巻、『徳川家康』、『武田信玄』、『源義経』、『独眼竜政宗』（ポプラ社）、『大石内蔵助』、『宮沢賢治』、『夏目漱石』、『石川啄木』（講談社）などがある。

■絵

おくやま　ひでとし

1955年山形県生まれ。玉川大学文学部芸術学科油絵専攻卒業。きむらゆういち主催ゆうゆう絵本講座4期生。2007年、第26回損保ジャパン美術財団選抜奨励展出品。作画などに、紙芝居『だましりとり』（きむらゆういち作、教育画劇）、『ズンゴロモンゴロ』（ベネッセチャンネルすくすくのうた）、『こどもちゃれんじ ぽけっと』（ベネッセコーポレーションつたえあいえほん）などがある。

■主な参考図書

『伝記・人間にまなぼう 15　はじめての総理大臣─伊藤博文』
文／高橋宏幸・小西正保　絵／高田三郎　岩崎書店　1993年
『人物・遺産でさぐる日本の歴史 13　近代国家としての発展─明治時代後期』著／古川清行　小峰書店　1998年
『伊藤博文　近代日本を創った男』著／伊藤之雄　講談社　2009年
『山川　詳説日本史図録』（第3版）編／詳説日本史図録編集委員会
山川出版社　2010年

企画・編集　こどもくらぶ
装丁・デザイン　長江　知子
D　T　P　株式会社エヌ・アンド・エス企画

よんで しらべて 時代がわかる　ミネルヴァ日本歴史人物伝
伊藤博文
──日本最初の内閣総理大臣──

2012年3月30日　初版第1刷発行　検印廃止

定価はカバーに
表示しています

監修者　安田常雄
文　西本鶏介
絵　おくやまひでとし
発行者　杉田啓三
印刷者　金子眞吾

発行所　株式会社 ミネルヴァ書房
607-8494　京都市山科区日ノ岡堤谷町1
電話 075-581-5191／振替 01020-0-8076

印刷・製本　凸版印刷株式会社

ISBN978-4-623-06194-5
NDC281/32P/27cm
Printed in Japan

よんでしらべて時代がわかる

ミネルヴァ 日本歴史人物伝

卑《ひ》弥《み》呼《こ》
監修 山岸良二　文 西本鶏介　絵 宮嶋友美

聖《しょう》徳《とく》太《たい》子《し》
監修 山岸良二　文 西本鶏介　絵 たごもりのりこ

中《なかの》大《おお》兄《え》《の》皇《おう》子《じ》
監修 山岸良二　文 西本鶏介　絵 山中桃子

聖《しょう》武《む》天《てん》皇《のう》
監修 山岸良二　文 西本鶏介　絵 きむらゆういち

紫《むらさき》式《しき》部《ぶ》
監修 朧谷寿　文 西本鶏介　絵 青山友美

平《たいらの》清《きよ》盛《もり》
監修 木村茂光　文 西本鶏介　絵 きむらゆういち

源《みなもとの》頼《より》朝《とも》
監修 木村茂光　文 西本鶏介　絵 野村たかあき

足《あし》利《かが》義《よし》満《みつ》
監修 木村茂光　文 西本鶏介　絵 宮嶋友美

雪《せっ》舟《しゅう》
監修 木村茂光　文 西本鶏介　絵 広瀬克也

織《お》田《だ》信《のぶ》長《なが》
監修 小和田哲男　文 西本鶏介　絵 広瀬克也

豊《とよ》臣《とみ》秀《ひで》吉《よし》
監修 小和田哲男　文 西本鶏介　絵 青山邦彦

徳《とく》川《がわ》家《いえ》康《やす》
監修 大石学　文 西本鶏介　絵 宮嶋友美

春日《かすが》局《のつぼね》
監修 大石学　文 西本鶏介　絵 狩野富貴子

杉《すぎ》田《た》玄《げん》白《ぱく》
監修 大石学　文 西本鶏介　絵 青山邦彦

伊《い》能《のう》忠《ただ》敬《たか》
監修 大石学　文 西本鶏介　絵 青山邦彦

歌《うた》川《がわ》広《ひろ》重《しげ》
監修 大石学　文 西本鶏介　絵 野村たかあき

坂《さか》本《もと》龍《りょう》馬《ま》
監修 大石学　文 西本鶏介　絵 野村たかあき

西《さい》郷《ごう》隆《たか》盛《もり》
監修 大石学　文 西本鶏介　絵 野村たかあき

福《ふく》沢《ざわ》諭《ゆ》吉《きち》
監修 安田常雄　文 西本鶏介　絵 たごもりのりこ

伊《い》藤《とう》博《ひろ》文《ぶみ》
監修 安田常雄　文 西本鶏介　絵 おくやまひでとし

板《いた》垣《がき》退《たい》助《すけ》
監修 安田常雄　文 西本鶏介　絵 青山邦彦

与《よ》謝《さ》野《の》晶《あき》子《こ》
監修 安田常雄　文 西本鶏介　絵 宮嶋友美

野《の》口《ぐち》英《ひで》世《よ》
監修 安田常雄　文 西本鶏介　絵 たごもりのりこ

宮《みや》沢《ざわ》賢《けん》治《じ》
文 西本鶏介　絵 黒井健

27cm　32ページ　NDC281　オールカラー

小学校低学年～中学生向き

日《に》本《ほん》の歴《れき》史《し》年《ねん》表《ぴょう》

時《じ》代《だい》	年《ねん》	できごと	このシリーズに出《で》てくる人物《じんぶつ》
旧石器《きゅうせっき》時《じ》代《だい》	四〇〇万年前《まんねんまえ》～	採集《さいしゅう》や狩《か》りによって生活《せいかつ》する	
縄文《じょうもん》時《じ》代《だい》	一三〇〇〇年前《ねんまえ》～	縄文土器《じょうもんどき》がつくられる	
弥生《やよい》時《じ》代《だい》	前《ぜん》四〇〇年《ねん》ごろ～	稲作《いなさく》、金属器《きんぞくき》の使用《しよう》がさかんになる 小《ちい》さな国《くに》があちこちにできはじめる	卑弥呼《ひみこ》
古墳《こふん》時《じ》代《だい》	二五〇年ごろ～	大和朝廷《やまとちょうてい》の国土統一《こくどとういつ》が進《すす》む	
飛鳥時代《あすかじだい》	五九三	聖徳太子《しょうとくたいし》が摂政《せっしょう》となる	聖徳太子《しょうとくたいし》
	六〇七	小野妹子《おののいもこ》を隋《ずい》におくる	
	六四五	大化《たいか》の改新《かいしん》	中大兄皇子《なかのおおえのおうじ》
	七〇一	大宝律令《たいほうりつりょう》ができる	
奈良《なら》時《じ》代《だい》	七一〇	都《みやこ》を奈良《なら》（平城京《へいじょうきょう》）にうつす	
	七五二	東大寺《とうだいじ》の大仏《だいぶつ》ができる	聖武天皇《しょうむてんのう》
平安《へいあん》時《じ》代《だい》	七九四	都《みやこ》を京都《きょうと》（平安京《へいあんきょう》）にうつす	
		藤原氏《ふじわらし》がさかえる	
		『源氏物語《げんじものがたり》』ができる	紫式部《むらさきしきぶ》
	一一六七	平清盛《たいらのきよもり》が太政大臣《だいじょうだいじん》となる	平清盛《たいらのきよもり》
	一一八五	源氏《げんじ》が平氏《へいし》をほろぼす	
鎌倉《かまくら》時《じ》代《だい》	一一九二	源頼朝《みなもとのよりとも》が征夷大将軍《せいいたいしょうぐん》となる	源頼朝《みなもとのよりとも》
	一二七四	元《げん》がせめてくる	
	一二八一	元《げん》がふたたびせめてくる	
	一三三三	鎌倉幕府《かまくらばくふ》がほろびる	
南北朝《なんぼくちょう》時代《じだい》	一三三六	朝廷《ちょうてい》が南朝《なんちょう》と北朝《ほくちょう》にわかれ対立《たいりつ》する	
	一三三八	足利尊氏《あしかがたかうじ》が征夷大将軍《せいいたいしょうぐん》となる	
	一三九二	南朝《なんちょう》と北朝《ほくちょう》がひとつになる	足利義満《あしかがよしみつ》